BEI GRIN MACHT SICH IHR WISSEN BEZAHLT

- Wir veröffentlichen Ihre Hausarbeit, Bachelor- und Masterarbeit

- Ihr eigenes eBook und Buch - weltweit in allen wichtigen Shops

- Verdienen Sie an jedem Verkauf

Jetzt bei www.GRIN.com hochladen und kostenlos publizieren

Bibliografische Information der Deutschen Nationalbibliothek:

Die Deutsche Bibliothek verzeichnet diese Publikation in der Deutschen National-
bibliografie; detaillierte bibliografische Daten sind im Internet über http://dnb.d-
nb.de/ abrufbar.

Impressum:

Copyright © 2014 GRIN Verlag, Open Publishing GmbH
Druck und Bindung: Books on Demand GmbH, Norderstedt Germany
ISBN: 9783668295636

Dieses Buch bei GRIN:

http://www.grin.com/de/e-book/339720/verkaufsmanagement-die-13-stufen-des-
verkaufs-und-der-kennzahlenberechnungen

Nathalie Peter

Verkaufsmanagement. Die 13 Stufen des Verkaufs und der Kennzahlenberechnungen

GRIN Verlag

Deutsche Hochschule für

Prävention und Gesundheitsmanagement

Einsendeaufgabe

Fachmodul:	Verkaufsmanagement
Studiengang:	Bachelor of Arts „Fitnessökonomie"
Datum	
Präsenzphase:	01.09.2014 – 03.09.2014
Semester:	WS 2013

Inhaltsverzeichnis

1 Professionalisierung des Verkaufsvorgangs – die 13 Stufen des Verkaufs

1.1 Klassifizierung des eigenen Unternehmens

Zu Beginn der Arbeit ist eine Klassifizierung des eigenen Unternehmens erforderlich, welche in nachfolgender Tabelle dargestellt wird:

Name der Anlage und Standort	Fitnesslounge
	Klassifizierung/Einordung
Anlagenstruktur:	Gemischtes Studio (für Männer und Frauen)
Größe der Anlage:	750 bis 1499 qm
Preisstruktur der Anlage:	30,00€ bis 59,99€
Beschreibung der Kernleistung:	12-Monats-Abo für 49,90€/M inklusive Fitnessgeräte, Betreuungsmaßnahmen, Kurse, Sauna und Kinderbetreuung

Tab. 1: Klassifizierung des eigenen Unternehmens (eigene Darstellung)

1.2 Definition und die einzelnen Stufen des Verkaufsvorgangs

Um als Unternehmen in der Fitnessbranche einen langfristigen Erfolg verzeichnen zu können, ist man besonders von dem Verkauf von Mitgliedschaften abhängig. Aus diesem Grund ist es von großer Bedeutung das zuständige Personal optimal im Verkauf von Dienstleistungen zu schulen, um diesen gewinnbringenden Faktor bestmöglichst auszuschöpfen. Diesbezüglich hat sich ein professionelles System entwickelt, welches auf den „13 Stufen des Verkaufs" beruht.

Begrüßung
1. Vorbereitungsphase
2. Kontaktaufnahme
3. Aufbau einer persönlichen Beziehung

Bedarfsanalyse

4. Bedarfsanalyse

Angebotspräsentation

5. Angebotspräsentation

6. Angebots- und Bestätigungsphase

7. Der Entschluss für Fitness

8. Preispräsentation für die Mitgliedschaft

9. Das JA für die Mitgliedschaft

10. Die Preispräsentation für das Startpaket

Abschluss

11. Der Vorabschluss

12. Die Mitgliedschaft

13. After-Sales-Betreuung

1.2.1 Einführende Informationen

Dieses System wird im Folgenden auf eine Kernleistung des eigenen Unternehmens übertragen und im Detail dargestellt. Während der Bedarfsanalyse soll speziell auf die „SPIN-Methode" eingegangen werden. Der Verkauf von Mitgliedschaften wird in der Fitnesslounge von Mitarbeitern durchgeführt, die sowohl auf der Fläche als auch an der Theke eingesetzt werden. Der Interessent vereinbart vorher per Telefon oder E-Mail einen Einführungstermin zum Probetraining. Falls der Neukunde noch nicht persönlich im Studio war ist er darauf hinzuweisen, dass er gerne eine halbe Stunde vor seinem Termin schon vorbei kommen kann und von einem Mitarbeiter eine Präsentation der Anlage erhält. In diesem ersten Training wird bei einem Beratungsgespräch ein Eingangscheck gemacht, ein individueller Trainingsplan erstellt und dieser dem Kunden am Gerät detailliert gezeigt und erklärt. Nach dem Training setzt sich der zuständige Trainer mit dem Kunden zu einem Abschlussgespräch bzw. Verkaufsgespräch zusammen und präsentiert das passende Fitnessangebot.

1.2.2 Begrüßung

Die erste Stufe, die Vorbereitungsphase, findet noch vor der eigentlichen Kontaktaufnahme mit dem Kunden statt. Hierfür bereitet sich der Mitarbeiter mental und organisatorisch auf den bevorstehenden Kundenkontakt vor, indem er alle vorhandenen Informationen des Kunden einholt, die nötigen Formulare und Anschauungsmaterialien, wie Eingangscheck, Vertragsübersicht, Preisliste, Kursplan, Massageflyer etc. bereit legt und den Beratungsplatz vorbereitet. Des Weiteren wird geprüft, ob die Anlage und der Beratungsplatz einen gepflegten Eindruck aufweist, damit der Neukunde auch visuell vermittelt bekommt, dass im Unternehmen viel Wert auf Sauberkeit und Ordnung gelegt wird. Besonders wichtig bei einem Kundenkontakt ist natürlich auch das äußere Erscheinungsbild des Mitarbeiters, welches vor dem Eintreffen des Kunden im Spiegel überprüft wird. Dabei wird auf eine gepflegte Sportleidung ohne Flecken, regelmäßige Körperpflege und Haarentfernung an Gesicht, Achseln und Beinen, frischer Atem, saubere Fingernägel, gewaschene und ordentliche Haare, dezenter Schmuck und natürliches Make-Up geachtet. Vor der nächsten Stufe, der Begrüßung, sollten all diese Punkte bereits erledigt sein, damit sich der Mitarbeiter auch mental auf den Kundenkontakt einstimmen kann in der Gewissheit, dass er optimal vorbereitet ist (Schlaffke und Plünnecke, 2013, Studienbrief der Deutschen Hochschule für Prävention und Gesundheitsmanagement - Beratungs- und Servicemanagement, S. 84-85). Die zweite Stufe, die Kontaktaufnahme, ist ein entscheidender Moment für den Verlauf der gesamten weiteren Verhandlung. Denn jeder Wahrnehmungsprozess ist durch Erwartungen, Vorstellungen und Sympathien oder Antipathien bestimmt. Dadurch wird die Wahrnehmung bei der Informationsaufnahme- und verarbeitung beeinflusst und kann dazu führen, dass sich Vorurteile bilden oder vorhandene Vorurteile verfestigt werden (Jung, 2006, S. 763). Die Kontaktaufnahme sollte im besten Fall durch den Trainer selbst geschehen. Falls dieser sich allerdings noch in einem anderen Probetraining oder einem Kurs befindet, wird der Neukunde durch einen Mitarbeiter an der Theke freundlich empfangen, begrüßt und über das weitere Geschehen informiert. Er erhält eine Spint-Karte und wird zu den Umkleiden geführt. Des Weiteren wird der Trainer über die Ankunft des Kunden in Kenntnis gesetzt.

Spätestens nachdem der Kunde sich umgezogen hat ist der zuständige Trainer im Empfangsbereich und begrüßt den Kunden persönlich mit Namen und Handschlag. Einen positiven und kompetenten ersten Eindruck kann man hinterlassen, indem man einen dynamischen und wohldosierten Händedruck, gepaart mit den Grußworten, einem

Blick in die Augen und einem natürlichen Lächeln verwendet (Schlaffke und Plünnecke, 2013, Studienbrief der Deutschen Hochschule für Prävention und Gesundheitsmanagement - Beratungs- und Servicemanagement, S. 86). Es ist also sowohl die verbale als auch die nonverbale Kommunikation entscheidend für einen positiven Gesprächsaufbau. Der Trainer stellt sich nun selbst mir Vor- und Zunamen vor und schildert den Ablauf für das nun folgende Probetraining. Anschließend wird dem Kunden etwas zu trinken angeboten und in der Beratungsecke Platz genommen. Der nächste Schritt stellt den Aufbau einer persönlichen Beziehung dar und soll den Übergang zur Bedarfsanalyse erleichtern. Der Trainer geht also nicht unmittelbar in ein Verkaufsgespräch über, sondern versucht zunächst eine entspannte Atmosphäre zu schaffen, mit der Suche nach Gemeinsamkeiten oder Interessen, ganz nach dem „Carpenter-Effekt". Es wurde nämlich schon oft beobachtet, dass Menschen dazu neigen andere Personen als sympathischer anzusehen, wenn sie ähnliche oder gleiche Eigenschaften und Ansichten zu den eigenen erkennen (Sommer, 2009, S. 49). Denn dadurch, dass Mitgliedschaften zu den immateriellen Dienstleistungen, die man weder anfassen noch ausprobieren kann, gehören, sucht der Interessent nach Erfahrungs- und Vertrauenseigenschaften, die es ihm ermöglichen, eine Einschätzung vorzunehmen (Bruhn & Hadwich, 2006, S.17). Diese werden des Öfteren in der Person des Beraters gesehen und begründen damit nicht nur den Erfolg oder Misserfolg eines Vertragsabschlusses, sondern die Sympathie bzw. Antisympathie wird auf das gesamte Unternehmen übertragen (Schödel, 2005, S. 45). Des Weiteren kann es beim ersten Eindruck zu einem „Überstrahlungs-Effekt" kommen, infolge dessen bei der Beurteilung des Trainers wesentliche Merkmale auch auf andere Kriterien übertragen werden. Das bedeutet, dass bei einem ungepflegten Äußeren schnell die Annahme einer unsauberen Arbeitsweise entsteht (Bänsch 2006, S. 50). Danach geht der Trainer einige Fragen mit dem Kunden durch und füllt währenddessen einen Eingangscheck aus.

Hinsichtlich der Fragetechnik eignen sich hier geschlossene Fragen, die einfach zu beantworten sind, aktive Satzkonstruktionen, kurze und prägnante Sätze und ein positiver Satzbau, wie zum Beispiel „Was hat Sie denn zu uns geführt?", „Was sind Ihre Hobbys?", „Haben Sie schon einem in einem Fitnessstudio traininert?" (Schlaffke und Plünnecke, 2013, Studienbrief der Deutschen Hochschule für Prävention und Gesundheitsmanagement - Beratungs- und Servicemanagement, S. 87). An dieser Stelle ist darauf zu achten, dass Themen wie Politik, Moral und Religion vermieden werden sollten, da das Anpassungsvermögen des Beraters an den Kunden häufig überstrapaziert wird (Bänsch, 2006, S. 53). Auf dem Eingangscheck werden sowohl allgemeine Informationen wie Alter, Gewicht, Körpergröße und Beruf, als auch trainingsrelevante Daten, wie Trainingsziele, erwartete Trainingshäufigkeit, weitere sportliche Tätigkeiten und körperliche Beschwerden festgehalten. Bei der Beratung ist es für den Mitarbeiter beim Finden von Strategien besonders wichtig, zunächst keine eigenen Ideen für den Kunden zu entwickeln, sondern darauf zu achten, dass der Kunde sich selbst Gedanken über sich und seine Ziele macht und mögliche Optionen findet. So soll in der Beratung der Kunde seine eigenen Maßstäbe und Werte finden und umsetzten lernen. Aus diesem Grund werden die Kunden danach gefragt, wie sie sich selbst und ihre Fitness zum derzeitigen Stand auf einer Skala von 1-10 einschätzen.

1.2.3 Bedarfsanalyse

Nach der Begrüßungsphase, welche die ersten drei Stufen beinhaltet, folgt die Bedarfsanalyse. Sie ist eine der wichtigsten Stufen im Verkauf, denn ohne einen konkreten Bedarf würden sich die Kunden nicht dazu entscheiden, bestimmte Produkte oder Dienstleistungen zu erwerben. So ist es besonders wichtig die Bedürfnisse, Wünsche und Ziele des Kunden in einen konkreten Bedarf umzuwandeln. Diese wiederrum formen sich aus gewissen Mangelgefühlen und drängen nach dem Progressionsprinzip auf Befriedigung. Aus diesem Grund ist es an dieser Stelle besonders wichtig, die Motive, Emotionen, Werte und Einstellungen des potentiellen Mitgliedes herauszufinden. Die eigentlichen Beweggründe für den Interessenten heute hier zu sein, werden oft aus unterbewussten Motiven oder Emotionen gefällt. Ziel der Bedarfsanalyse ist es also herauszufinden, welchen Bedarf und welche Bedürfnisse der Gesprächspartner hat, um eine ideale Lösung für sein Problem zu finden (Van Eckert, 2005, S. 164).

Die speziellen Fragetechniken der SPIN-Methode erweisen sich bei der Bedarfsentwicklung als äußerst nützlich und ist eine der weltweit meist angewendeten Vertriebsmethoden, die in den 1970er Jahren aufgrund umfangreicher Untersuchungen der Erfolgsfaktoren in Verkaufsgesprächen von Neil Rackham entwickelt wurde. In der SPIN-Methode werden vier Stufen von Fragen unterschieden: Situationsfragen, **Problemfragen**, **Implikationsfragen** und **Nutzfragen**. Besonders wichtig dabei ist, dass der Berater aktiv zuhört, offene Fragen stellt und die wichtigsten Punkte mit Begründung auf der Verkaufscheckliste notiert. Die Situationsfragen sollen dem Verkäufer ermöglichen, so viele Informationen wie möglich über seine derzeitige Lage und Ausgangsposition zu erfahren. Die Problemfragen beleuchten die Schwierigkeiten, Probleme und Quellen der Unzufriedenheit des Kunden und die Implikationsfragen sollen ihm aufzeigen, welche Auswirkungen die Lösung auf seine Situation hat. Denn damit ein konkreter Bedarf überhaupt zustande kommen kann, muss der vom Interessent empfundene Nutzen die anfallenden Kosten übersteigen (Sickel, 2010, S. 40). Zum Schluss werden noch Nützlichkeitsfragen gestellt, welche dem Kunden den Nutzen der Lösung erkennen lassen. Besonders begabte Verkäufer ermöglichen es dem Kunden, die wesentlichen Schlussfolgerungen selbst zu ziehen und den Nutzen selbst zu formulieren. Im eigenen Betrieb werden diese Fragen folgendermaßen formuliert: „Was machen Sie beruflich?" und „Welchen Hobbys gehen Sie in Ihrer Freizeit nach?". Im Vordergrund steht hier der Informationsgewinn über den Interessenten und auf diesen Fragen kann der Berater den Gesprächsverlauf aufbauen. Anschließend geht der Berater näher auf das bereits erfahrene ein und versucht etwas über die Quelle der Unzufriedenheit des Kunden herauszufinden: „Üben Sie auf Ihrer Arbeit überwiegend sitzende oder stehende Tätigkeiten aus?", „Wie gestresst sind Sie auf der Arbeit und wie reagieren Sie darauf?" und „Wie fühlen Sie sich nach dem Ausüben ihrer sportlichen Freizeitaktivität? Gibt es auftretende Probleme?" Nachdem diese Informationen gesammelt und notiert wurden, geht der Berater noch einen Schritt weiter in der Bedarfsanalyse und wagt einen Blick in die Zukunft um mögliche Konsequenzen der Probleme dem Kunden zu verdeutlichen: „Wie fühlen Sie sich, wenn Sie vor lauter Rückenschmerzen Ihren Beruf nicht mehr ordentlich ausführen können?" oder „Wie würden Sie sich fühlen, wenn Sie Ihr Hobby aufgrund zunehmender Rückenschmerzen aufhören müssten?" Zu guter Letzt wird dem Kunden sein individueller Nutzen der anzubietenden Leistung vor Augen geführt.

Wie bereits erwähnt, sollte der Berater hier allerdings darauf achten, dass nicht zu viel Gesprächsanteile von seiner Seite ausgehen, sondern dem Kunden aktiv zuhört, sodass dieser die wesentlichen Schlussfolgerungen selbst zieht und den Nutzen selbst formuliert. In der Fitnesslounge wird deshalb mit folgenden Fragen gearbeitet: „Wie würden Sie sich fühlen, wenn Sie wieder ohne akute Rückenschmerzen Ihren Freizeitsport ausüben können?" oder „Wie wird sich Ihre Arbeitshaltung und Produktivität am Arbeitsplatz verändern, wenn Sie keine akuten Schmerzen im Rücken mehr hätten?". Ein weiterer wichtiger Punkt bei der Bedarfsanalyse ist die Einwandvorbehandlung, denn der Kunde wird mit hoher Wahrscheinlichkeit in irgendeiner Phase des Gesprächsverlaufs Bedenken gegen die angebotene Dienstleistung äußern. Hier ist es besonders wichtig, dass der Berater über den Unterschied zwischen Vor- und Einwänden Bescheid weis und diesen mit passenden Antworten und Sicherheit entgegen kommen kann (Sickel, 2010, S. 179; Bänsch, 2006, S. 63.) Im eigenen Betrieb versucht der Berater die Einwände zu entkräften, bevor der Kunde sie überhaupt formuliert. Dabei werden die Fragen so formuliert, dass der Kunde am Ende des Verkaufsgesprächs keine weiteren Einwände vorbringen kann. Hierfür gibt der Interessent an, wie lange er schon überlegt sich in einem Fitnessstudio anzumelden, wie oft und wie lange er in der Woche einplant zum Training zu kommen, ob er das Training mit Beruf und Freizeit in Einklang bringen. Sollte der Kunde nun im weiteren Gesprächsverlauf einen Einwand vorbringen, welcher im Vorfeld schon geklärt wurde, kann dieser als Vorwand entlarvt werden. Allerdings ist hier darauf zu achten, dass Vorwände zwar erkannt werden, aber nicht direkt behandelt werden dürfen. Ganz im Gegensatz dazu verhält es sich mit den Einwänden. Diese müssen erkannt und auch sofort behandelt werden. Zur nachhaltigen Behandlung von Einwänden rät Sickel (2010, S. 180) Fragen zu stellen, wie Einwände vermieden werden können: „Welche Auswirkungen hat der Einwand auf den Verkauf", „Wo liegen die möglichen Ursachen" oder „Wie können die Einwände verhindert werden?". Hält man sich als Berater an dieses Schema zeichnet sich ab, dass die Einwände im Laufe der Zeit weniger werden und es u.a. reibungsloser zu einer Angebotspräsentation führt. Bevor es zur Angebotspräsentation kommt wird im eigenen Betrieb erst einmal mit dem Kunden der Trainingsplan besprochen und das Gerätetraining absolviert, worauf in dieser Studienarbeit allerdings nicht weiter drauf eingegangen wird.

1.2.4   Angebotspräsentation

Der nachfolgende Abschnitt besteht aus sechs Stufen und umfasst die komplette Angebotspräsentation. Den größten Erfolg um den Kunden vom Angebot zu überzeugen erhält man durch eine nutzenorientierte Argumentation (Hofbauer & Hellwig, 2009, S. 463). Dabei sollte man möglichst nach der bekannten Regel einer Präsentation „KISS – Keep It Short and Simple" vorgehen (Van Eckert, 2005, S. 168). Die Nutzenargumentation besteht aus drei Schritten: Beschreiben von Merkmalen, Aufzeigen von Vorteilen und Lieferung des individuellen Nutzen für den Kunden (Sickel, 2010, S. 22). Da jede Dienstleistung viele mögliche Nutzendimensionen aufweisen kann und jeder Interessent andere Vorstellungen und Bewertungskriterien hat, ist es für den Verkäufer besonders wichtig, den Bedarf beim Kunden erfolgreich abgearbeitet zu haben, damit der Einstieg in das Verkaufsgespräch und die nutzenorientierte Argumentation leichter fällt. Eine weitere Empfehlungen für ein erfolgreiches Verkaufsgespräch ist unter anderem der Einsatz von rhetorischen Mitteln. So ist bei der Präsentation auf die Verwendung der richtigen Wörter und positiver Formulierungen zu achten. Des Weiteren ist es mit Hilfe der richtigen Fragetechnik möglich, schneller an Informationen zur Weiterführung des Verkaufsgesprächs zu gelangen und dem Gespräch eine gewisse Zielführung zu geben. Verwendet werden hierfür v.a. offene, geschlossene oder rhetorische Fragen (Hofbauer & Hellwig, 2009, S. 464ff). Zu guter Letzt sollte der Interessent bei der Angebotspräsentation durch eine sog. Sinnesaktivierung mit einbezogen werden. Je mehr Sinne beim Kunden erreicht werden, desto intensiver nimmt er das Erlebte in sich auf (Haeske, 2008, S. 94). Im eigenen Betrieb gibt es eine Verkaufsmappe, in der alle nötigen Materialien zusammen geführt sind. Der Trainer begiebt sich mit dem Interessent noch einmal in die Beratungsecke und beginnt die Angebotspräsentation. Die erste Folie gibt einen Überblick über die Kernleistungen des Unternehmens, welche mit ansprechenden Bildern untermalt sind. Der Berater geht hier speziell auf die gewünschte Leistung ein, die er vorher in der Bedarfsanalyse herausgearbeitet hat und beschreibt deren Eigenschaften, zeigt die Vorteile und den individuellen Nutzen für den Kunden auf. Hier ist davon abzusehen noch einmal den Gesamtnutzen aufzuzeigen, sondern bedarfsgerecht zu beraten.

Anschließend folgt die sechste Stufe des Verkaufs, die Angebots- und Bestätigungsphase: Hierbei soll eine Bestätigung dafür eingeholt werden, dass sich der Interessent mit dem Produkt identifizieren kann und ob dieses seinen Vorstellungen entspricht. Dies erreicht man, indem weitestgehend mit geschlossenen Fragen, v.a. Suggestivfragen, gearbeitet wird und der personenzentrierte Beratungsstil angewendet wird. Der Kunde soll dadurch in die Lage versetzt werden, selbst die Erkenntnis und Bestätigung zu erlangen, dass Fitnesstraining für ihn die beste Lösung seiner Probleme sei. Im eigenen Betrieb stellt der Berater dem Kunden folgende Fragen: „Ist es Ihnen denn nicht wichtig Ihren Freizeitsport wieder schmerzfrei ausführen zu können?" oder „Wären Sie nicht glücklich, wenn Sie nach der Arbeit stressfrei nach Hause kommen könnten?". Die Wahrscheinlichkeit nach solch präzise gestellten Fragen ein „ja" vom Interessent zu hören ist sehr hoch. So versucht der Berater möglichst häufig eine positive Antwort oder ein „ja" vom Kunden zu erhalten. Dies steigert im weiteren Verlauf die Wahrscheinlichkeit für ein „ja" zur Mitgliedschaft bei der entscheidenden Frage. Die siebte Stufe beschreibt nun den Entschluss für das Fitness- und Gesundheitsangebot. Es würdde nämlich keinen Sinn machen, direkt von der Angebotspräsentation zum Preis oder zum Abschluss der Mitgliedschaft zu kommen, denn kein Interessent wird Geld für etwas zahlen, was er grundsätzlich nicht benötigt. Im eigenen Betrieb wird diese Grundsatzentscheidung folgendermaßen herbeigeführt: „Frau/Herr… wir sind nur dann in der Lage Sie fit und vital zu machen, wenn Sie es auch wollen! Also sind Sie jetzt wirklich bereit etwas an Ihrem Leben zu ändern, haben die nötige Motivation und sagen nun „ja", ich möchte mehr für meine Fitness und Gesundheit tun?" Die Verkaufspräsentation wird auch nicht eher fortgesetzt, bis der Kunde seine eindeutige Zustimmung abgegeben hat. Falls der Berater noch ein Zögern oder Überlegen beim Kunden feststellt, so sollte direkt nachgefragt werden, ob und welche Informationen er noch benötigt. Die Preispräsentation der Mitgliedschaft folgt nun als achter Schritt und gilt als kritischer Punkt, da hier ein großes Abbruchrisiko besteht. Aus diesem Grund ist es besonders wichtig, den Preis nicht isoliert, sondern in Verbindung mit dem eröffnenden Nutzen veranschaulicht darzustellen. Denn je wertvoller die angebotene Leistung dem Kunden erscheint, desto preisgünstiger wird sie sich ihm darstellen (Bänsch, 2006, S. 79). Im eigenen Betrieb werden dem potentiellen Mitglied die unterschiedlichen Preissysteme im Unternehmen, die für ihn in Frage kommen, aufgezeigt und das für ihn passende Angebot herausgestellt.

Der Berater gibt hier also eine Empfehlung für eine der Varianten, da sonst die Gefahr besteht, dass sich der Kunde nicht entscheiden kann und um Bedenkzeit bittet. Im eigenen Betrieb stellt nun der Berater dem Kunden das normale Fitnessabo vor und erklärt die zwei Möglichkeiten der Laufzeit: „Wenn Sie unser Fitnessabo gleich für 24 Monate abschließen, sparen sie sich im Vergleich zum 12-monatigen Abo jeden Monat 10,00€. Sie zahlen also nur 39,90€ im Monat und haben alle dargestellten Leistungen inklusive". Der nächste Schritt ist zwar klein, aber explizit wichtig für einen erfolgreichen Vertragsabschluss. Hier geht es eigentlich nur darum, dass der Kunde den Preis für die Mitgliedschaft akzeptiert und der Kunde selbst erkennt: „Ja, ich glaube eine Mitgliedschaft über 12 Monate wäre das Beste für mich und meine Gesundheit". An dieser Stelle arbeitet der Berater im eigenen Betrieb ausschließlich mit Alternativfragen, damit der Kunde nie die Wahl hat „nein" zu sagen: „Für welche Laufzeit entscheiden Sie sich – ein oder zwei Jahre?" Erst wenn sich der Kunde positiv für eine Mitgliedschaft im Fitnessstudio ausgesprochen hat, sollen die weiteren Details, wie zum Beispiel die Preispräsentation für das Startpaket zur Mitgliedschaft, erläutert werden. Im eigenen Betrieb wird nun der Vertrag dem Kunden vorgelegt und im Einzelnen durchgegangen. Der Berater informiert den Interessenten noch einmal über die Laufzeit, den Vertragsbeginn, die Kündigungsfrist und zu guter Letzt über die Aufnahmegebühr. An dieser Stelle ist wieder äußerste Vorsicht geboten, da auf den Kunden nun wieder zusätzliche Kosten zu kommen. Aus diesem Grund ist es besonders wichtig, dass der Nutzen des Startpakets deutlich in den Vordergrund gestellt wird, sodass es im wahrsten Sinne des Wortes „preiswert" erscheint. Der Kunde soll also eine entsprechende Gegenleistung für den Preis erhalten und keine reine Aufnahmegebühr zahlen. Im eigenen Betrieb nennt der Berater den Betrag für das Startpaket in Höhe von 99,90€, führt aber direkt im Anschluss an, dass in diesem Preis bereits 30,00€ Kaution für Mitgliedskarte und einen Trainingsstick inbegriffen sind. Des Weiteren stellt er dem Interessenten die verschiedenen Inhalte der Startpaketes vor: z.B. Einweisungen durch einen Trainer, Trainingsbetreuung und verschiedene Tests die durchgeführt werden können. Der Block der Angebotspräsentation ist nun abgeschlossen und es folgt der eigentliche Abschluss, der in drei Stufen aufgegliedert ist.

1.2.5   Abschluss

Die erste Stufe ist er sogenannte Vorabschluss, der dazu dient, eine Ablehnung von Seiten des Kunden zu vermeiden. Denn wenn in dieser Phase eine negative Antwort auf eine Abschlussfrage erfolgt, kann diese nur schwer rückgängig gemacht werden. Im eigenen Betrieb achtet der Berater besonders auf gewisse Abschlusssignale des Kunden, wie zum Beispiel eine Veränderung der Sprache und des Verhaltens. Des Weiteren werden Übereinstimmungen aufgezählt, noch offene Fragen geklärt und fortschrittsorientierte Vereinbarungen getroffen. Außerdem vermittelt ein provisorischer Abschluss dem Kunden das Gefühl bereits abgeschlossen zu haben. Der Berater im eigenen Betrieb erreicht dieses durch den Einsatz von Meiungsfragen:" Möchten Sie lieber die 12 oder 24 Monats-Mitgliedschaft?".

Der nächste Schritt ist der eigentliche Abschluss der Mitgliedschaft. Dabei sollte darauf geachtet werden, dass keine unvorsichtigen Bemerkungen gemacht werden, nicht aus Freude die Konzentration verloren geht, nicht zu viel gesprochen wird und die wesentlichen Punkte des Ergebnisses zusammengefasst werden (Hofbauer & Hellwig, 2009, S. 480). Das bereits durchgesprochene Vertragsformular wird vom Verkäufer ausgefüllt und dem Kunden jeder Schritt und die Bedeutung der Eintragungen erklärt. Des Weiteren verweist er auf die rückseitig befindlichen Mitgliedschaftsbestimmungen und gibt dem Kunden genügend Zeit sich diese durchzulesen. Treten hierzu keine weiteren Fragen mehr auf wird der Kopf des Vertrages und die Einzugsermächtigung vom Kunden ausgefüllt und zu guter Letzt die Mitgliedschaft mit der Unterschrift besiegelt. Die letzte Stufe des Verkaufs ist die After-Sales-Betreuung. Nach dem Abschluss der Mitgliedschaft beginnt die eigentliche Arbeit für das Unternehmen. Besonders wichtig ist es an dieser Stelle den Kunden in seiner Entscheidung positiv zu bekräftigen und ihm ein gutes Gefühl zu vermitteln. Denn nach einem Kauf stellt sich bei vielen Konsumenten unterschiedlich schnell ein Gefühl der Unsicherheit ein: „Jetzt ist das Geld weg und die Zweifel sind da: Hätte man nicht besser...?" (Schüller & Fuchs, 2006, S. 115). Im eigenen Betrieb kommt man dieser „Kaufreue" entgegen, indem man dem Kunden zum Fitnessentschluss gratuliert und eine Willkommensmappe überreicht: „Ich freue mich Sie als neues Mitglied der Fitnesslounge begrüßen zu dürfen und nun erhalten Sie Ihre Willkommensmappe.

Diese enthält Ihre Mitgliedskarte, eine Kopie Ihres Vertrages, eine Übersichtsbroschüre über alle angebotenen Leistungen der Anlage, unseren aktuellen Kursplan, einen Massageflyer unserer Physiotherapeutin, einen Gutschein für einen kostenlosen Eiweissshake und eine Gastkarte für Freunde und Bekannte über zwei kostenlose Trainingseinheiten. Zu zweit trainieren macht doch schließlich viel mehr Spaß". So werden im Anschluss an die Mitgliedschaft zukünftige Zusatzleistungen und eventuelle Neukunden generiert. Zu guter Letzt wird dem Kunden die Mitgliedskarte erklärt, sich noch einmal direkt nach offenen Fragen erkundigt und ein weiterer Trainingstermin zum Trainingsstickeinstellen ausgemacht. Danach wird der Kunde mit einem Händedruck und einem freundlichen Lächeln verabschiedet.

1.3 Rhetorik in der Angebotspräsentation

Im Verkaufsgespräch ist neben den einzelnen Stufen und deren Abläufe natürlich noch auf weitere Details zu achten. In dieser Arbeit wird im Einzelnen auf die Rhetorik und die richtige Formulierung von negativ besetzten Ausdrücken eingegangen. Im eigenen Betrieb konnten bei mehreren Mitarbeitern negative Begrifflichkeiten im Verkaufsgespräch festgehalten werden. So verwendeten einige Mitarbeiter gewohnheitsmäßig die negativen Formulierungen in Form von Vertrag, Aufnahmegebühr, Kosten, Preisliste, unterschreiben oder bezahlen. Des Weiteren fielen in einem Verkaufsgespräch die Sätze: „Ihren Namen habe ich nicht verstanden", „Verstehen Sie mich bitte nicht falsch" und „Dafür bin ich nicht zuständig." Außerdem war es besonders auffällig, dass ein Mitarbeiter besonders häufig die Sätze im Konjunktiv formulierte. In der nachfolgenden Tabelle werden zu den negativ besetzten Ausdrücken, die von den Mitarbeitern im eigenen Betrieb verwendet wurden, die passenderen positiven Begrifflichkeiten aufgeführt. Nach dieser Analyse wurden die einzelnen Mitarbeiter darauf hingewiesen und achten nun deutlich mehr auf die Verwendung von positiven Formulierungen.

Negative Formulierungen	Positive Formulierungen
Vertrag	Abo, Mitgliedschaft
Aufnahmegebühr	Starterpaket
Kosten	Beitrag, Investition
Preisliste	Preisinformation
Unterschreiben	Bestätigen
Bezahlen	Investieren, entrichten
„Ihren Namen habe ich nicht verstanden."	„Habe ich Ihren Namen richtig verstanden, ...?"
„Verstehen Sie mich bitte nicht falsch."	„Bitte verstehen Sie mich richtig."
„Dafür bin ich nicht zuständig."	„verantwortlich dafür ist..."
Konjunktiv: würde, könnte	Indikativ: wird, kann

Tab. 2: Rhetorik im Verkaufsgespräch (eigene Darstellung)

Die Verwendung von positiven Formulierungen ist deshalb besonders wichtig, weil es sich auf den Gesamteindruck auswirkt und negativ besetzte Ausdrücke im Verkaufsgespräch zu einer unbewussten Ablehnung gegenüber dem Produkt oder der Dienstleistung führen können. Ein Verkauf wird dadurch erschwert, wenn nicht sogar ganz verhindert. So ist darauf zu achten, Wörter, die negative Bilder bzw. Assoziationen beim Kunden hervorrufen könnten zu vermeiden und diese durch andere, positive Worte zu ersetzten.

2 Psychologische Grundlagen im Verkaufsmanagement

2.1 Grundzüge der Kundenmotivation

Das Herausarbeiten der Motive von Kunden ist für den Verkauf und auch für die dauerhafte Inanspruchnahme einer Dienstleistung besonders wichtig, denn daraus resultiert deren Motivation und Antrieb etwas für sich und seine Gesundheit zu tun.

Die Motivation eines Kunden ist demnach der Zustand aktiver Verhaltensbereitschaft und wird in eine intrinsische (von innen) und extrinsische (von außen) Motivation differenziert. So entscheidet bei der intrinsischen Motivation allein die Einstellung und der Wille und ist für das langfristige Sporttreiben elementar. Weniger nachhaltig verhält es sich mit der extrinsischen Motivation, bei der die Motivation durch äußere Gegebenheiten oder Anreize, wie z.B. materielle Anreize wie Direktvergütung, geweckt wird. Der Ausprägungsgrad dieser beiden Arten kann mit dem Modell der Selbstkonkordanz veranschaulicht werden. So versteht man unter der Selbstkonkordanz das Ausmaß, in dem eine Zielintention mit den persönlichen Interessen und Werten einer Person übereinstimmt. Es gibt vier verschiedene Modi der Selbstkonkordanz mit entsprechenden Ausprägungsgraden, die im Folgenden tabellarisch aufgelistet sind.

Modus der Selbstkonkordanz	Beispiel	Ausprägung der Selbstkonkordanz
Externaler Modus (äußere Veranlassung)	Beitragsrückerstattung Krankenkasse	**Niedrig**
Introjizierter Modus	Sporttreiben, weil es der Arzt gesagt hat	
Identifizierter Modus (innere Veranlassung)	Sporttreiben, weil es der Gesundheit gut tut	**Hoch**
Intrinsischer Modus	Sporttreiben aus Spaß	

Tab. 3: Vier verschiedene Modi der Selbstkonkordanz (modifiziert nach Göhner & Fuchs, 2007, S.11)

2.1.1   Externaler Modus

Die Selbstkonkordanz befindet sich im externalen Modus, wenn eine Zielintension nur deshalb verfolgt wird, weil die betreffende Person von außen dazu veranlasst wurde. So erhält der Kunde also etwas dafür, dass er das Fitnessangebot wahrnimmt. Die Ausprägung der Selbstkonkordanz und die Motivation Sport zu treiben ist an dieser Stelle sehr niedrig. Nimmt man jedoch besagten äußeren Anreiz weg ist die Wahrscheinlichkeit sehr hoch, dass der Kunde das Training wieder abbricht. Es sei denn der Kunde ist in der Zwischenzeit in einen anderen Modus, wie etwa den introjizierten Modus, übergegangen.

2.1.2   Introjizierter Modus

Ein introjizierter Modus liegt vor, wenn der Kunde die Gründe zur Herausbildung der Zielintension zwar schon verinnerlicht hat, diese aber noch nicht seine eigenen Beweggründe sind. So wird die Person beispielsweise von einem Arzt, der Familie oder Freunden dazu animiert Sport zu treiben.

2.1.3   Identifizierter Modus

Vom identifizierten Modus kann gesprochen werden, wenn die Person die Gründe der Zielintension in einer freien Entscheidung für sich selbst als wichtig ansieht. Der Kunde steht hier im Einklang mit sich und seinem persönlichen Überzeugungs- und Wertesystem und erkennt selbst, dass Sporttreiben wichtig ist, da es der Gesundheit und dem eigenen Wohlbefinden gut tut.

2.1.4   Intrinsischer Modus

Im intrinsischen Modus benötigt die Person gar keine Gründe mehr zur Herausbildung der Zielintension. An dieser Stelle wird die Handlung um ihrer selbst willen, also wegen der in ihr selbst liegenden Anreize, ausgeführt und ist das höchste Maß an Motivation was man erwarten kann. So benötigt der Kunde keinerlei weitere Gründe aktiv zu werden, als den Spaß an der Bewegung. Zusammengefasst kann man bei den ersten drei Modi von unterschiedlichen Schattierungen extrinsischer Motivation sprechen, wohingegen sich der vierte Modus in der intrinsischen Motivation wiederspiegelt. Des Weiteren kann festgehalten werden, dass Personen bei der Erreichung ihrer Zielintension umso erfolgreicher waren, je stärker deren Selbstkonkordanz ausgeprägt war, das heißt je stärker der identifizierte bzw. intrinsische Modus vorgeherrscht hat.

2.2 Verhältnisvergleich der einzelnen Modi im eigenen Betrieb

Im Anschluss wurde im eigenen Betrieb bei zehn weiblichen und zehn männlichen Kunden unterschiedlichen Alters der Modus der Selbstkonkordanz, der für das Interesse an den Produkten und Dienstleistungen verantwortlich ist, untersucht und ausgewertet. Die Kunden sollten dabei angeben, welche Motive sie zu einem regelmäßigen Training anspornen. Das Verhältnis der verschiedenen Modi wird zu einem besseren Verständnis visuell in einer Graphik abgebildet.

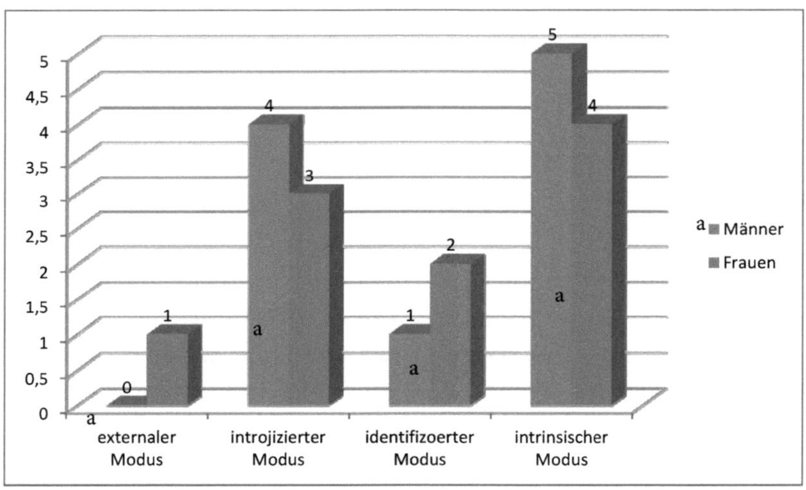

Tab. 4: Ergebnis der Umfrage zur Einschätzung der eigenen Selbstkonkordanz (eigene Darstellung)

Häufig wurden bei der Umfrage mehrere Gründe für das regelmäßige Training genannt. Als Hauptintention gaben 50% der Männer an etwas für sich selbst zu tun, da sie Spaß am Sport und der Bewegung haben. Bei 40% der männlichen Kunden liegt die Hauptintention in einer Empfehlung ihres Arztes und bei 10% der präventive Gedanke für eine bessere Fitness und Gesundheit begründet. Auch bei den Frauen hat die Mehrzahl (40%) angegeben, dass sie aus Spaß an der Bewegung, v.a. in der Gemeinschaft in den Kursen, regelmäßig zum Training kommen. Weitere 30% folgen dem Ratschlag ihres Arztes, 20% treiben Sport, weil es der Gesundheit gut tut und 10% gaben an, dass sie eine Beitragsrückerstattung bekommen, wenn sie einen bestimmten Kurs regelmäßig besuchen. Man kann also festhalten, dass im eigenen Betrieb der intrinsische Modus vorherrscht, was eine gute Kundenbindung und lange Inanspruchnahme der angebotenen Leistung verspricht.

2.3 Kundenbindung und die Überführung in den intrinsischen Modus

Da jedoch nicht jedes Unternehmen, wie die Fitnesslounge, überwiegend Mitglieder mit einer intrinsischen Motivation aufweist, ist es von großer Wichtigkeit Strategien zu entwickeln, um bei Kunden gesundheitsrelevante Verhaltensänderungen herbeiführen zu können. Denn um Kunden langfristig an das Unternehmen zu binden gilt es die Motivation nicht nur dauerhaft oben zu halten, sondern viel eher sie zur Eigenmotivation anzuleiten. So beginnt nach dem Abschluss der Mitgliedschaft die Arbeit mit dem Kunden erst richtig. Ein in der Gesundheitspsychologie und Psychotherapie weit verbreitetes und anerkanntes Modell von Prochaska & DiClemente von 1984 ist das „Transtheoretische Modell (TTM)“. Sie erkannten, dass die Änderung eines Problemverhaltens als dynamischer Prozess zu verstehen ist und dass dieser über qualitativ unterschiedliche Stufen verläuft. Der entscheidende Aspekt des Modells ist die Berücksichtigung der zeitlichen Perspektive einer Veränderung des Gesundheitsverhaltens, denn nach dem TTM verlaufen Verhaltensänderungen in fünf, voneinander abgrenzbaren Stufen bzw. Phasen, den „Stages of Change“, die in nachfolgender Tabelle aufgelistet sind.

Stufe 1	Stufe 2	Stufe 3	Stufe 4	Stufe 5
Absichts-losigkeit	Absichts-bildung	Vorbereitung („preparation")	Handlung („action')	Aufrecht-erhaltung
Keine Absicht, das derzeitige Verhalten innerhalb der nächsten sechs Monate zu ändern.	Es wird erwogen, das Verhalten innerhalb der nächsten sechs Monate zu ändern.	Erste Schritte zur Verhaltensänderung wurden eingeleitet, Zielverhalten innerhalb des nächsten Monats wahrscheinlich	Zielverhalten besteht seit weniger als sechs Monaten	Zielverhalten wird seit mehr als sechs Monaten beibehalten

Abb. 1: Stages of Change im Rahmen des TTM sowie Einstellungs- und Verhaltensas-

pekte in Abhängigkeit von deren Verlauf (modifiziert nach; Prochaska, DiClemente & Nocross 1992)

Wie in der Graphik veranschaulicht, beziehen sich die Veränderungsstrategien in den ersten drei Stufen überwiegend auf die Einstellung und später verstärkt auf das Verhalten. Zu beachten ist, dass im Prozess der Verhaltensänderung keine Stufe übersprungen werden, allerdings einzelne Stufen mehrmals durchlaufen werden können.

So gelingt es zum Beispiel vielen Menschen nicht auf Anhieb mit dem Rauchen aufzuhören. Im Nachfolgenden sollen nun Strategien aufgezeigt werden, wie Kunden mit externalen Modus in den introjizierten Modus, mit introjizierten Modus in den identifizierten Modus und mit identifizierten Modus in den intrinsischen Modus überführt werden können. Meist ist die Motivation der Neukunden kurz nach dem Abschluss noch sehr hoch und ein regelmäßiges Training findet zu Beginn statt. Doch befindet sich die Person in einer der ersten drei Modi der Selbstkonkordanz, so wird die Trainingsbeteiligung auf kurz oder lang wieder weniger und ein Motivationstief wird eintreten. Um diesem Verhaltensmuster entgegenzuwirken und um das neue Zielverhalten der Person zu unterstützen gibt es einige Strategien bzw. den gezielten Einsatz von Unterstützungsmaßnahmen, die von den Mitarbeitern durchgeführt werden können. Der erste Schritt sollte eine optimale Integrierung des Neukunden in das Unternehmen darstellen, da es für die Person und für dessen Entscheidung von zentraler Bedeutung ist, sich als aktives Mitglied des Unternehmens zu fühlen. Noch während der After-Sales-Betreuung sollte man versuchen den Kunden mit anderen Mitgliedern, Mitarbeitern und der Philosophie des Unternehmens vertraut zu machen und ihm ein gutes Gefühl für seine Entscheidung zu geben. Ein guter Einstieg ist an dieser Stelle auch die Empfehlung des umfangreichen Kursprogramms, wo der Kunde schnell neue Leute kennenlernen wird. Wenn sich der Kunde nicht mit dem Unternehmen identifizieren kann bzw. das Gefühl vermittelt bekommt, dass nach dem Abschluss der Mitgliedschaft die Betreuung endet, da das Ziel des Verkäufers erreicht wurde, so wird er sehr schnell wieder die Motivation verlieren. Des Weiteren besteht die Möglichkeit für den Kunden einen Handlungs- bzw. Verhaltensplan zu erstellen, der die persönlichen Ziele in der Gesundheitsfindung enthält. Als Trainer kann man sich bei der Zielformulierung an bestehende Coachingtechniken halten, wie zum Beispiel die SMART-Formel. Die Ziele sollten S=specific (spezifisch/präzise), M=measurable (messbar), A=achievable (erreichbar), R=relevant und T=timebound (termingebunden) sein. Je attraktiver die Ziele gestaltet sind, desto stärker wirken unbewusste Kräfte, um diese Ziele zu erreichen. Wichtig ist an dieser Stelle, dass der Kunde sich aktiv und konkret an der Zielformulierung beteiligt und der Berater bzw. Trainer nur eine begleitende Rolle einnimmt.

Ein weiterer wichtiger Punkt um das einmal initiierte Verhalten weiter zu fördern und zu stabilisieren ist das Erkennen und Bewältigen von möglichen äußeren oder inneren Barrieren. So kann zum Beispiel das soziale Umfeld in Form des Partners, der Familie oder der Freunde eine mögliche Barriere sein, wenn aufgrund der regelmäßigen Trainingseinheiten das Privatleben kürzer treten muss. Auch finanzielle Probleme können der Auslöser dafür sein, dass Mitglieder auf kurz oder lang wieder in alte Muster fallen und der Bedarf, also die nötige Kaufkraft, für die angebotene Leistung nicht mehr vorhanden ist. Jedoch können nicht nur äußere Barrieren ein Motivationstief hervorrufen, sondern auch innere Barrieren in Form von Lustlosigkeit, Frustration und der Umschwung auf andere Interessen zu einem Rückfall auf eine der ersten drei Stufen führen. Diesbezüglich wurde ein Barrieremanagement entwickelt, welches Stategien umfasst diese Barrieren zu bewältigen. Eine Möglichkeit besteht darin, die Mitglieder mit einem Verhaltensplan nach einer langen Abwesenheit per E-Mail, Post oder Telefon zu kontaktieren und nach ihrem Befinden zu erkundigen. Um den Wiedereinstieg zu erleichtern sollte bei diesem Gespräch gleich ein Termin zum Training vereinbart werden. Regelmäßige Kontrolltermine sollten allerdings nicht nur angeboten werden, wenn Kunden schon lange nicht mehr zum Training erschienen sind, sondern für alle Kunden nach ca. 4-6 Wochen zur Verfügung stehen. Nur so kann eine intensive Betreuung des Kunden und das Erreichen seiner Ziele gewährleistet werden. In diesen Kontrollterminen wird das Training noch einmal begleitet, um sicherzustellen, dass die Bewegungsabläufe korrekt ausgeführt werden, die Auswahl der Geräte noch den Wünschen des Kunden entsprechen und um mögliche Barrieren und Hindernisse, welche die Person vom Training abhalten, herauszufinden. Daraufhin können gemeinsam mit dem Kunden Strategien entwickelt werden, um Barrieren zu umgehen und Prioritäten im Alltag zu setzten. Zeitmanagement ist ein weiterer wichtiger Bereich, da oft das Gefühl der Zeitlosigkeit beim Kunden aufkommt und somit ein Training ein bis zweimal die Woche verhindert wird. Mit diesen gezielten Hilfestellungen kann die Motivation eines Kunden enorm gesteigert werden, sodass er sich im letzten Modus wiederfindet und eine langfristige Bindung des Kunden an das Unternehmen gesichert ist.

3 Kennzahlenberechnung

3.1 Darstellung wichtiger Kennzahlen eines Unternehmens

Um als Unternehmen langfristig einen Erfolg zu verzeichnen ist es von Nöten, dass sich die Geschäftsleitung bzw. die Führungsebene an sogenannte Kennzahlen orientiert. Diese Daten sind ein wesentlicher Bestandteil des Verkaufsinformationswesens und strukturieren und ordnen die Verkaufstätigkeit eines Unternehmens. Zudem dienen sie der Kontrolle, Dokumentation sowie Koordination eines Unternehmens. Mit externen, aus dem Markt abgeleiteten Parametern und den im Unternehmen bestehenden Ressourcen wird ein vergleichbares System aufgebaut. Im Folgenden werden die Formeln einiger wichtiger Kennzahlen im Verkauf dargestellt:

$$\text{Telefonquote:} \frac{\textit{Anzahl der vereinbarten Beratungstermine}}{\textit{Anzahl Interessentenanrufe}} \text{ x } 100$$

$$\text{Termineinhaltungsquote:} \frac{\textit{Anzahl der erschienenen Beratungstermine}}{\textit{Anzahl der vereinbarten Beratungstermine}} \text{ x } 100$$

$$\text{Abschlussquote:} \frac{\textit{Anzahl der abgeschlossenen Mitgliedschaften}}{\textit{Anzahl der durchgeführten Beratungen}} \text{ x } 100$$

$$\text{Fluktuationsquote:} \frac{\textit{Anzahl der Abgänge}}{\textit{Durchschnittlicher Mitgliederbestand}} \text{ x } 100$$

Die Telefonquote gibt an, bei wievielen Interessentenanrufen Termine für eine Beratung gemacht wurden. Weiterführend beschreibt dann die Termineinhaltungsquote wieviele Interessenten schlussendlich auch wirklich zur Beratung erschienen sind. Die wichtigste Kennzahl im Verkauf und gleichzeitig ein entscheidender Erfolgsindikator ist die Abschlussquote, die registriert, bei wievielen Beratungen es zu einem Verkauf der Dienstleistung gekommen ist. Zu guter Letzt ist die Fluktuationsquote eine wichtige Kennzahl bezüglich der Kundenzufriedenheit im Betrieb. Ist die Quote hoch, so kann das ein Indiz für eine Unzufriedenheit mit der angebotenen Dienstleistung sein mit der Folge, dass die Mitglieder kündigen und vor einem Wiederkauf absehen.

3.2 Berechnung der Telefon-, Termineinhaltungs- und Abschlussquote über die letzten drei Monate im eigenen Unternehmen

Im Folgenden werden für die letzten drei Monate die Telefon-, Termineinhaltungs- und Abschlussquote für das eigene Unternehmen berechnet und die Entwicklung im Zeitvergleich graphisch dargestellt und begründet. Der Zeitraum erstreckt sich über die Monate Mai, Juni und Juli 2014. Die Angaben wurden aufgrund der Veröffentlichung geändert und stimmen nicht mit den tatsächlichen Werten der Telefon-, Termineinhaltungs- und Abschlussquote der Fitnesslounge überein.

3.2.1 Telefonquote

Telefonquote (Mai): $\frac{75}{88}$ x 100 = 84,26%

Telefonquote (Juni): $\frac{64}{75}$ x 100 = 85,33%

Telefonquote (Juli): $\frac{94}{106}$ x 100 = 88,67%

Telefonquote (Mai/Juni/Juli): $\frac{233}{270}$ x 100 = 86,29%

Im Schnitt konnten innerhalb der letzten drei Monate 78 Einführungstermine aus 90 Interessentenanrufen vereinbart werden. Dies entspricht einer durchschnittlichen Telefonquote von 86,29%. Diese Werte sind schon auf einem guten Niveau, allerdings soll bis 2015 die Telefonquote auf 90% gebracht werden. Die zuständigen Mitarbeiter werden noch einmal eine Schulung besuchen. Der deutliche Anstieg der Interessentenanrufe und Einführungstermine im Juli 2014 ist mit der Sommeraktion zu erklären. Diese konnte man vom 01.07. bis 31.07. 2014 abschließen. Das Abonnement geht drei Monate für je 29,90€ und läuft automatisch aus. Inklusive sind die Trainingsbetreuung, Kurse, Sauna, Geräte und Getränkeflatrate und es ist keine Aufnahmegebühr fällig. Dieses unschlagbare Angebot hat einer erfahrungsgemäßen Minderung der Interessentenanrufe gen Sommer enorm entgegengewirkt.

3.2.2 Termineinhaltungsquote

Termineinhaltungsquote (Mai): $\frac{64}{75}$ x100 = 85,33 %

Termineinhaltungsquote (Juni): $\frac{56}{64}$ x100 = 87,5 %

Termineinhaltungsquote (Juli): $\frac{87}{94}$ x 100 = 92,55%

Termineinhaltungsquote (Mai/Juni/Juli): $\frac{207}{233}$ x 100 = 88,84 %

In den letzten drei Monaten sind im Schnitt 69 Kunden auf 78 vereinbarten Terminen erschienen. Das entspricht einer durchschnittlichen Termineinhaltungsquote von 88%. Auch hier sticht der deutliche Anstieg im Juli 2014 ins Auge. Die Kunden wollten ihren Termin wahrnehmen, um das SommerFit-Abo noch abschließen zu können. Ansonsten sind die Quoten im Mai und Juni relativ nah beieinander.

3.2.3 Abschlussquote

Abschlussquote (Mai): $\frac{57}{64}$ x 100 = 89,06%

Abschlussquote (Juni): $\frac{48}{56}$ x 100 = 85,71%

Abschlussquote (Juli): $\frac{82}{87}$ x 100 = 94,25 %

Abschlussquote (Mai/Juni/Juli): $\frac{187}{207}$ x 100 = 90,33 %

Während der vergangenen drei Monate sind im Schnitt 62 Mitgliedschaften aus 69 Beratungsterminen abgeschlossen worden. Dies entspricht einer durchschnittlichen Abschlussquote von 90,33%. Auch hier spiegelt sich die SommerFit-Aktion deutlich in den Kennzahlen wieder. Mai und Juni liegen wieder relativ nah beieinander, während im Juli deutlich mehr Abschlüsse registriert werden. Im Nachfolgenden ist die Entwicklung der Telefon-, Termineinhaltungs- und Abschlussquote im Zeitvergleich graphisch dargestellt, um einen besseren Überblick zu bekommen.

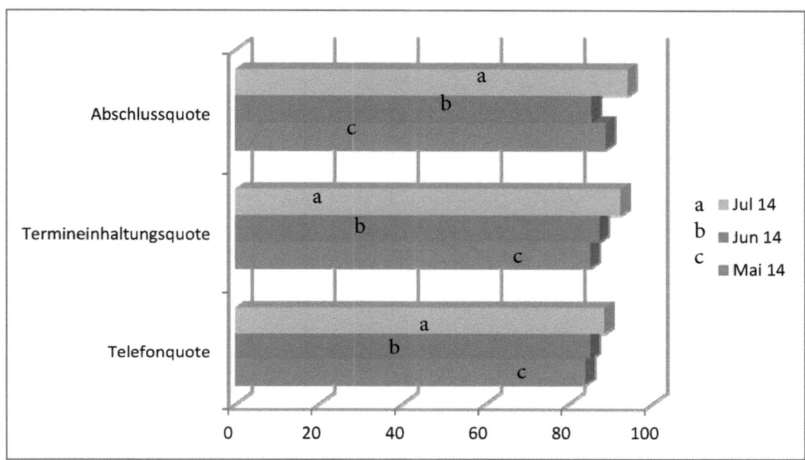

Tab. 5: Entwicklung der Telefon-, Termineinhaltungs- und Abschlussquote im Zeit-vergleich graphisch dargestellt (eigene Darstellung)

Um allerdings eine höhere Aussagekraft der betrieblichen Kennzahlen zu erreichen, ist es sinnvoll weitere Zeitintervalle als drei Monate zu vergleichen. Denn wie bei der Berechnung der Kennzahlen der Fitnesslounge von Mai bis Juli ersichtlich war, können verschiedene Parameter, wie zum Beispiel Aktionen, einen kurzen Zeitraum sehr leicht beeinflussen. Diesbezüglich verlieren die Zahlen ihre Aussagekraft.

3.3 Berechnung der Fluktuationsquote für das letzte Geschäftsjahr im eigenen Unternehmen

Um die Flukatuationsquote für das letzte Geschäftsjahr im eigenen Unternehmen zu berechnen, muss zunächst der durchschnittliche Mitgliederbestand für das Jahr 2013 herausgefunden werden. Um diesen Wert zu erhalten müssen die Mitgliederzahlen aller Monate bekannt sein, danach Anfangsbestand am 01.01.2013 mit den Monatsend-beständen jedes Monats addiert und letztendlich die Summer durch 13 dividiert.

Auch diese Angaben wurden aufgrund der Veröffentlichung in ihrem Wahrheitsgehalt geändert und haben keinen Bezug zu den tatsächlichen Werten der Fitnesslounge .

Kundenbestand 2013	Anzahl
Anfang Januar	1345
Ende Januar	1401
Ende Februar	1452
Ende März	1487
Ende April	1533
Ende Mai	1578
Ende Juni	1541
Ende Juli	1512
Ende August	1498
Ende September	1523
Ende Oktober	1576
Ende November	1563
Ende Dezember	1559

Tab. 6: monatliche Kundenbestände im Jahr 2013 des eigenen Betriebs (eigene Darstellung)

Die Berechnung des durchschnittlichen Kundenbestands betrug im Jahr 2013 1505. Die Anzahl der Abgänge ergibt sich nun aus der Anzahl der Kündigungen und der Anzahl der auslaufenden Verträge ohne Erneuerung in Form von Probemonaten. Über das Jahr 2013 gab es 123 Kündigungen und 312 Verträge ohne Verlängerung. Insgesamt ergibt das 435 Abgänge. Um nun die Fluktuationsquote zu erhalten wird die Anzahl der Abgänge durch den durchschnittlichen Kundenbestand dividiert:

Fluktuationsquote (2013): $\frac{435}{1505} \times 100 = 29\%$

Für den eigenen Betrieb wurde eine Fluktuationsquote von 29% errechnet.

3.4 Auswirkungen bei Quotenänderungen

Im Folgenden soll die Änderung bei einer Senkung der Fluktuationsquote um fünf Prozent ermittelt werden und in absoluten Zahlen dargestellt werden. Dafür ist es nötig den durchschnittlich realisierten Nettoumsatz eines Mitglieds pro Monat zu berechnen. Laut Kennzahlen des Unternehmens erwirtschaftet man mit einem Kunde im Schnitt 512€ Bruttoumsatz im Jahr. Das bedeutet pro Monat investiert ein Kunde 42,67 € in das Unternehmen. An dieser Stelle darf nicht vergessen werden die Mehrwertsteuer von 19% abzuziehen, um den Nettoumsatz eines Mitglieds pro Monat zu erhalten. Im eigenen Unternehmen gibt ein Kunde 34,56 € im Monat an das Unternehmen ab. Dies bedeutet, dass der eigene Betrieb im Jahr 2013 einen Umsatz in Höhe von 52016,86 € erwirtschaftet hat.

Gesamtumsatz im Jahr 2013:

Kundenbestand pro Monat x Nettoumsatz eines Kunden pro Monat x 12

1505 x 34,56€ x 12 = 52016,86€

Nimmt man nun an, dass die Fluktuationsquote um 5% sinkt, also 24% beträgt, so hätte das Unternehmen im Jahr 2013 nicht 435, sondern nur 361 Kunden verloren.

Anzahl der Abgänge: $\dfrac{\textit{Durchschnittlicher Mitgliederbestand}}{100} \times 24$

$$\frac{1505}{100} \times 24 = 361$$

Dies wiederrum bedeutet, dass 74 Kunden mehr im Jahr 2013 in das Unternehmen investieren und sich somit theoretisch der Gesamtumsatz um 30689,28 € erhöht.

Mehrumsatz des Unternehmens im Jahr 2013:

Kundenbestand pro Monat x Nettoumsatz eines Kunden pro Monat x 12

$$74 \times 34,56€ \times 12 = 30689,28 €$$

4 Literaturverzeichnis

- Bänsch, A (2006). *Verkaufspsychologie und Verkaufstechnik* (8. Aufl.). München: Oldenbourg.
- Bruhn, M. & Hadwich, K. (2006). *Produkt- und Servicemanagement*. München: Vahlen.
- Haeske, U. (2008). *Kommunikation mit Kunden (2. Aufl.)*. Berlin: Cornelsen.
- Hofbauer, G. & Hellwig, C. (2009). *Professionelles Vertriebsmanagement (2. Aufl.)*. Erlangen: Publicis.
- Jung, H. (2006). *Personalwirtschaft* (7.Aufl.). München: Oldenbourg.
- Schlaffke, W. & Plünnecke, A. (2013). Studienbrief der Deutschen Hochschule für Prävention und Gesundheitsmanagement - Beratungs- und Servicemanagement. Saarbrücken: Deutsche Hochschule für Prävention und Gesundheitsmanagement.
- Schödel, S. (2005). *Wechselwirkung zwischen Kultur, Vertrauen und Management*. Wiesbaden: Deutscher Universitätsverlag.
- Schüller, A. & Fuchs, G. (2006). *Total Loyalty Marketing* (3. Aufl.). Wiesbaden: Betriebswirtschaftlicher.
- Sickel, C. (2010). *Verkaufsfaktor Kundennutzen* (5. Aufl.). Wiesbaden: Gabler.
- Sommer, J. (2009). *Die NLP Erfolgsgeheimnisse der Spitzenverkäufer* (4. Aufl.). Offenbach am Main: Gabal.
- Van Eckert, H. (2005). *Praxishandbuch Vertrieb*. Berlin:Cornelsen.

4.1 Abbildungsverzeichnis

- **Abb. 1:** Prochaska, J.O. & DiClemente, C.C. & Norcross, J.C. (1994). In search how people chance: applications to addictive behavior. *American Psychology.* 47 (9), 112-141.

4.2 Tabellenverzeichnis

- **Tab. 1:** eigene Darstellung
- **Tab. 2:** eigene Darstellung

- **Tab. 3:** Göhner, W. & Fuchs, R. (2007). Änderung des Gesundheitsverhaltens. MoVo Gruppenprogramme für körperliche Aktivität und gesunde Ernährung. Göttingen: Hogrefe.
- **Tab. 4:** eigene Darstellung
- **Tab. 5:** eigene Darstellung
- **Tab. 6:** eigene Darstellung